AF282919

Lo que no te supe contar

MÍRIAM RODRÍGUEZ

U

I.S.B.N.: 979-13-87862-82-4
Depósito legal: AB 9-2026

unoeditorial.com

A mis sentimientos más intensos.
Y a ti, si algún día me echas de menos,
para que sigas pudiendo recurrir a mi esencia,
aunque, por alguna razón externa, ya no esté a tu lado.

Porque yo soy,
porque yo siento.
Porque lo hago intensamente.
Porque esa es mi esencia y
porque eso... es perfecto.

REFLEXIONES

Castillo

Ni yo fui tan de la realeza
ni tú fuiste tan de los plebeyos.
Los dos estuvimos en el mismo castillo.
¡Qué pena que fuese de arena!

Mariposa

Me dio miedo.
Porque me ayudaste a convertirme en mariposa
pero me dejaste volando sola.
¿Quién hace algo así?

Mar

El mar arrastra mis problemas
se los traga entre sus olas.
Quizá por eso me da paz.
Tal vez por eso evito ir a visitarlo,
pues quiero seguir en guerra
y no dejarte ir.
Me pone triste
que a ti también te lleve...

Pedro y el lobo

Qué difícil es renunciar,
al más bello sentir y decirte:
"No cielo, aún no era el momento de vivirlo".
Pues resulta engañoso escucharte decir
que llegará ese momento de nuevo,
que entonces será real y que entonces serás feliz.
Eres Pedro y también lobo.
Eso no es fácil de asumir.

Digestión

Me tapaste los ojos. Me diste a probar.
Mastiqué, saboreé y también tragué.
Me gustó lo que ofreciste; quise pedir más.
Así que abrí los ojos
pero dijiste que no quedaba nada para dar.
De reojo, a tus espaldas, vi un gran manjar.
Entonces me remangué y me tomé mi tiempo
en recoger todas y cada una de las migajas
para demostrarte que no estaba jugando,
que quería repetir y que era de verdad.
Que sí que tenías. Que estaba justo ahí.
Quizá ni siquiera supiste que lo cargabas,
pero al final me di cuenta de que eso daba igual.
No era para mí...
Eso me pasó por llamarte corazón:
una mala digestión.

Pequeños gigantes

Existen unas criaturas, de menos de metro y medio.
Si te acercas un poco, no tengas miedo.
Les da igual cómo eres, qué te gusta o de dónde vienes.
Ten cuidado, porque si te invitan a entrar en su juego
puede que no los entiendas o que no quieras regresar jamás.
Se preocupan por lo importante, lo importante de verdad.
Son agradecidos, saben perdonar.
Brillan de ilusión y ganas. Saben disfrutar.
Son expertos en expresar, en emocionarse y emocionar.
Son tan ricos sin tener nada… y aun así te la dan,
para que tú también puedas serlo.
¿Y no es verdad que dejaste de serlo?
¡Cuánto queda por aprender de ellos!

Gigantes pequeños

Dicen que hay unos seres grandullones
que se creen superiores
porque han visto muchos soles.
Dicen que creen tener el control del mundo,
que, si hacen todo lo que desean, serán felices, serán mejores.
Cada día son más guapos y acumulan más tesoros.
Cuando no los conoces, te dan hasta envidia.
¡Parece que lo tienen todo!
Pero te contaré un secreto:
No conocí ni a uno de ellos, que a día de hoy no esté roto,
pues llega un día en que se marchan sin belleza y sin tesoros.

Reprimidos

A veces eres tú mismo el que te pones las cadenas.
Te quedas entre rejas porque piensas que no hay llave.
¡Qué gran error! ¡Claro que no hay llave... ni cadenas, ni rejas!
Cuando pasen los años, quizá salgas de esa cárcel
pegando golpes al aire, imaginando culpables.
Solo los valientes se darán cuenta,
de que el destino se construye
y de que todavía
no es tarde.

Bondad

Si tuviera que definirla con una palabra la llamaría bondad,
de esa que deja huella, de esa que cura el alma,
de esa que a veces muerde el polvo mientras la aplastan.

Determinación

Jamás conocí a una persona tan determinada como tú.
Determinada para empezar algo, determinada para dejarlo ir.
Lo único que te faltaba era saber discernir.

Congelado

Hizo frío todo el año y no sé cuántos más de esos quedarán.
No pude cerrar las ventanas, así que dejé el aire pasar.
Quise recordarme que todo lo que te había dado sí que sirvió.
Sirvió para que pudieras dárselo en la misma cantidad
a la persona a quien quisieras de verdad.
Porque... ¿para qué negar la realidad?
A mí me quisiste con excusas
pero por ella estarás dispuesto a luchar.

Impostor

La voz que te dice que no puedes,
que no te lo mereces y que no es para ti.
La voz que te dice que no eres suficiente
y que no vale la pena por temor a destruir.
La voz que te atrapó en quien no eres
y que dejó pasar oportunidades.
Es eso, una voz.
Hasta que la conviertes
en el impostor que te guía.

Una trampa

Tu mirada, tus acciones y también tus palabras.

Un lugar seguro

Un hogar tiene muchas formas.
El mío llegó a tener tu cara, tus brazos, tu pelo
y por supuesto tu voz.
Esa que refresca y te hace dormir feliz.
Me sentí cómoda como nunca antes pude
y como no me creo capaz de volver a repetir.
Pero a veces las casas vienen con grietas.
De ese lugar seguro, solo tengo una cosa clara:
las mudanzas duelen.

Un refugio en tu caos

Las montañas no planean a quién rescatan de la inundación.
Los ríos no se plantean quién beberá de sus aguas.
Los árboles no eligen a quién protegerán con su sombra.
Yo, que fui montaña y río y árbol.
Yo, que te protegí de la tormenta y del frío y el calor que quema.
Yo, que te llevé entre mis brazos cuando oí tus gritos ahogados.
Yo, que me quedé a entenderte cuando la oscuridad te consumía.
Yo, que prometí ser accesible para que nunca estuvieras solo.
Yo, que te busqué mientras sangraba cuando me abandonaste.
Yo, que te amé cuando tú no te amabas ni conocías esa palabra.
Yo, que amé como este mundo ya no ama.
Yo, que me entregué en bandeja dorada.
Yo, que fui tu principio, pero no tu final.
Yo, que según los poetas soy la indicada.
Yo... ¿qué me llevo yo?

Magia

Coincidimos estando en planetas diferentes,
atravesando los años luz que nos separaban.
Una gota junto a otra de tantas que hay en el río
de esas que vienen y van, pero que a veces permanecen.
Nos fusionamos sin que ni nuestras miradas se encontraran.
Puedes llamarlo como quieras, casualidad o coincidencia,
que para mí solo existe un nombre
que fácilmente se deletrea.
Sé que te cuesta aceptarlo, que no puedes ni pensarlo.
Como siempre le das la vuelta
para que sea más cómodo en tu cabeza
tendré que aceptar yo, que le cambies tú las letras.
Para mí Magia.
Para ti Amiga.

MICROCUENTOS

Sapo

— Dame un beso –pidió el sapo –Ya me han dado antes, pero esos no me sirven. Necesito uno tuyo.

— ¡No puedo hacer eso! –exclamó la joven.

— Eso es porque no me quieres. Igual que todas las demás. No soy suficiente. Nadie me quiere.

— No es verdad. Yo sí te quiero. Pero es que le tengo alergia a la piel de sapo. A la piel en realidad... Necesitaría conseguir medicación primero y eso va a llevar tiempo.

— Te lo estás inventando. Si me quisieras me besarías – refunfuñó el sapo. Aunque en verdad quería llorar.

— No te imaginas cuánto te amo –le temblaban la voz y las manos.

El sapo abrió los ojos. Incrédulo. Se fue brincando enfadado. ¿Cómo lo iba a querer si ni siquiera lo podía besar? Eso era imposible. Eso... eso no era amor... no... amor era otra cosa... ¿verdad?

La muchacha, por su parte, pasó el resto de los días de su vida preguntándose quién querría a alguien que tiene alergia a la piel. Se preguntaba sobre todo si el sapo podría haberse convertido en príncipe si tan solo ella lo hubiera besado, aunque hubiera tenido que irse un tiempo al hospital por su alergia.

Ninguno lo sabría nunca.

Ojos

— Que guapo eres —dijo la princesa mirando al apuesto príncipe.

— No es verdad. ¿Cómo te atreves? ¿Por qué me mientes? Solo soy un monstruo – él veía reflejado su pelo, sus cuernos, su tamaño, su aspecto feroz y nada estaba bien— Soy un monstruo. Hago a la gente llorar, mi cara da miedo, no me pueden amar. Además, nunca me han gustado las cosas de príncipe...

— Pero a mí no me das miedo y me da igual lo que te guste. Yo sí te amo. Toma mis ojos. Compruébalo y verás.

— ¡No! ¡No te quites los ojos! ¡No hagas eso! Son tuyos —empujó a la princesa y esta cayó al suelo— Ya te lo he dicho. No valgo la pena. No valgo de príncipe. Lo sé porque mi papá tampoco valía. Pero si me pongo esto —señaló un vestido de princesa— me parezco más a ti y a todas las demás princesas del Reino. Y eso sí me gusta. Eso puedo hacerlo. Se siente un poco más fácil, aunque todo es difícil. Así puedo cambiar, así la gente me querrá. A todo el mundo le gustan las princesas y a mí mucho más.

— A mí no —se sacudió el polvo del suelo como si no le hubiera dolido la caída.

— ¡Pero si eres una!

Se giró bruscamente sin haber percibido siquiera que se acababa de levantar del suelo.

Él... él solo pensaba en su dolor.

— Y no es tan especial. Es solo que soy yo y yo soy así.

— No te entiendo. Yo no lo veo así.

Así que cambió sus ropas, ocultó sus cuernos entre los mantos, adornó su pelo con trenzas y en el espejo apareció el reflejo de una princesa. Eso le hizo tan feliz que se le escapó una lágrima pensando: *"Ahora sí, ahora podré amar. Ahora me podrán amar. Ahora tiene sentido. Por eso estaba vacío".*

A la princesa se le escapó otra lágrima, pero la suya era de tristeza. Lo miró a través del espejo ahora y vio a un monstruo disfrazado de princesa, pero no era el mismo monstruo que el príncipe veía. Era más gordo y más duro. Su cuerpo era como la roca y su cara cambiaba de una a otra. El príncipe estaba dentro, gritando. Se lo había tragado, para dejar de oír sus gritos. Había pasado muchos años oyéndolos y ya no sabía qué hacer para apagarlos. ¿Cómo va una princesa a rescatar a un príncipe que no quiere serlo? ¿Cómo podía el monstruo hacerle todo eso al príncipe y sentirse conforme?

El monstruo disfrazado de princesa, ya no daba miedo. Así atrajo mucha atención, de esa que su padre nunca le dio. Y entonces empezó a tratarse bien y también a tratar bien. Empezó a verse con otros ojos, aunque tenía los mismos. Eso confundía a la princesa. ¿Cómo podía dejar de amarlo? ¡Era la misma persona! ¿Por qué creía que solo se enamoró de su piel?

— Te lo dije. Necesitaba cambiar. Ahora soy mejor. Mírame.

— Lo sé, pero no cambiaste tus ojos. Eso era lo que necesitabas. Nunca saldrá de mí decirte que necesitabas cambiar todo lo demás. Yo te veo. Siempre te he visto. ¿No lo entiendes?

— ¿Qué te pasa? —se dio cuenta de pronto que la princesa tenía las rodillas ensangrentadas.

— Es de cuando me empujaste. Me caí al suelo y me hice daño.

— Pero de eso ya ha pasado tiempo. ¿Por qué no te has curado?

— No lo sé —se apagó la princesa— Lo he intentado, pero se sigue abriendo.

— No podemos estar juntos —dijo con cara seria mientras la limpiaba y le vendaba las heridas— Te mereces algo más que un monstruo.

— ¿Pero no decías que ya no lo eras? Te lo suplico... ¡Toma mis ojos!

— Toma tú los míos. Mírate. No eres una princesa. Eres una reina. Y yo... yo no merezco todo eso. Ya sabes lo que no mereces. Yo quiero sentir algo de verdad. Sin hacer daño. Ya has visto lo que pasa.

— Aquí me tienes. Yo soy de verdad —dijo con voz temblorosa y cataratas en los ojos.

— Lo siento, de verdad. No quiero frenarte, no quiero destruirte. A veces me siento tan egoísta... Yo también quisiera que fuera diferente, pero no puedo.

— Preferiría que la gente naciera sin ojos — rebatió de nuevo, insistente como siempre —nadie nunca se vería monstruoso, siempre serían ellos mismos y se centrarían únicamente en cambiar lo realmente importante. Se darían el mérito a sí mismos y no a un disfraz. En fin, perdona. Siempre soy muy pesada.

— ¿Por qué dices eso? Contigo siempre se me pasa el tiempo volando.

Algo en el interior del monstruo se removía cada vez que hablaba con ella. Era el príncipe, que seguía ahí y se sentía acogido, como siempre había querido. Sus gritos autodestructivos se apaciguaban un poco y empezaba a gritar *"Déjame estar con ella"*, pero el monstruo lo callaba, lo ignoraba, ni siquiera le prestaba atención. Eso eran palabras necias y a palabras necias, oídos sordos. Eso no podía ser. No tenía ningún sentido. Era como mirar por una pantalla. No era real. De alguna manera, ella le dejaba la mente espesa. Le hacía pensar demasiado y su corazón se agitaba. Era todo tan confuso... Pero no iba a cambiar sus ojos ahora. ¡Le había costado tanto!

Además, ahora sí que le querían… ahora sí que se quería…

La princesa, ingenua como era, no entendió que el monstruo también amaba la esencia de ella. Así. Sin más. Sin etiquetas. Ella pensó que ambos se amaban, pues su forma de tratarla era única. Solo se abrió con ella y solo su interior se sacudía con ella. No concebía que esa conexión especial, que ese comerse la cabeza que los dos habían compartido, no incluyera la palabra amor. Al menos no en la forma que ella quería. ¿Y si después de todo dejaba de tratarla así?

Se asustó. Al fin y al cabo, era su príncipe el que la quería. Y ahora… ahora ya no había príncipe. Solo había un disfraz que buscaba llenar un agujero desesperadamente. A cualquier precio.

Además, ¿quién necesita a una reina teniendo a su propia princesa particular?

Lo que el monstruo pensara después de esto, no es más que un misterio que puede que ni siquiera él haya llegado a resolver en su mente.

Ruleta rusa

Empezó a girarla y a tirar dagas. Ella ahogó los gritos porque ni siquiera sabía dónde estaba. Las siluetas se veían borrosas, las palabras sonaban huecas. Percibía igual de bien que lo haría un borracho al borde de un coma etílico.

La mayor parte de las heridas que logró hacerle fueron superficiales: pequeños rasguños en frente, orejas, brazos, tórax y piernas. El problema era que todo su cuerpo goteaba y el corazón le iba tan rápido que el riego sanguíneo se le aceleraba y le parecía que en cualquier momento esa gotera se desprendería y acabaría en una fuga descontrolada.

Cuando la ruleta paró, ella aún siguió un rato dando vueltas. Él se fue a por unos refrescos, pues su labor era muy dura: tenía que conseguir que nadie que pasara por allí muriera. Pero su cuestionable TOC se lo ponía difícil.

— ¿Quieres uno? —le preguntó al rato de volver.

A ella le pareció que había tardado siglos. Quizá el silencio hubiera sido más agradable si las vueltas no le hubieran dejado tanto barullo en la cabeza. Quiso escupirle, pero en vez de eso le vomitó. Obviamente eso a él, le pareció de lo más desagradable y agonizante. Quedó empapado de cabeza a pies.

Rápidamente fue a ducharse, a pesar de que le daba fobia encontrarse en un lugar tan pequeño y tan cerca de sus propios ruidos. Más tarde, algo más renovado, aunque con el recuerdo angustioso de lo sucedido, se volvió a acercar tímidamente. Probó una vez y otra y otra. Se aseguraba de que fueran períodos cortos de tiempo. No quería repetir esa desagradable experiencia. Pero con el tiempo se volvía más sensible y se quedaba más tiempo. Le maravillaba que siguiera viva.

Al final, se decidió a desatarla. Le ayudó a sentarse en una silla, le dio algo de beber, le lavó las heridas y le puso una manta. Ella seguía dando vueltas en algún lugar. A veces sonreía, a veces lloraba y otras, sin poder evitarlo... volvía a vomitar.

Él, sintiéndose algo culpable, solo se sacudió un poco.

— Vomita lo que tengas que vomitar —le insistió.

— Pero te volverá a caer encima si te quedas ahí —replicó ella.

— Tranquila.

Se levantó y se volvió a ir. Una nueva presa. Había contado tantas ya que había perdido la cuenta o puede que solo se las hubiera imaginado. Después de todo era difícil reencontrar la nitidez de tener los pies en el suelo. Comenzó un nuevo juego de ruleta rusa. Pero de vez en cuando hacía descansos y se sentaba con ella. Había veces que los hacía tan largos que ella se envalentonaba y sin poder controlarlo, cuando él le preguntaba dulcemente cómo se encontraba, ella le hacía caso y le vomitaba.

— Avísame cuando te canses —le repitió suavemente de nuevo.

— Ya me cansé hace rato. Quizá sea mejor que te vayas —le respondió indignado.

Mas ¿de quién era la culpa de que ella necesitara vomitar?

CONFESIONES

¿Jugamos?

Sonaron dos clics, el tuyo y el mío.
Los demás solo hacían ruido.
Las llamadas eternas duraban segundos,
las noches se hacían más cortas contigo
y eran mi momento favorito del día.
No sé cuándo caí en la cuenta,
de que sacaba tiempo de donde no había,
de que hubo días que ni siquiera dormía
pues sabía que el niño gruñón que a veces reía
vendría a hacerme la mejor propuesta del mundo:
¿jugamos?

De locos

Recuerdo que cuando aún no conocía bien
ni tus ojos ni tu sonrisa,
me sabía tu voz de memoria
y cada frase que usarías.
Hice los deberes y empecé a estudiarlas
para saber cómo estar más cerca de ti en la distancia.
Hubo una que usabas cada vez que algo salía bien,
cada vez que yo te aportaba y cada vez que tú ganabas.
Esa locura que el Joker le contagió a Harley Quinn
empezó a correr por mis venas cada vez que me buscabas.
Esta fue una historia de esas que tú llamarías *"de locos"*
de esos que no saben qué hacen, pero no pueden parar.

Alas

Dicen que si te tomas el tiempo suficiente
para conocer a alguien bien
tienes la oportunidad de ver el tiempo volar.
Que le salen alas y se transforma en mariposas
y que en algunos casos esporádicos
revolotean hasta ambos estómagos.
Así forman una fina línea que los une
y solo se rompe si se dejan de compartir las horas.
Aunque más que romperse, yo diría que se estira,
porque en vez de volar unidas se dispersan más y más lejos.
Pero sé que en el momento en el que vuelvan juntos
y otra vez compartan sus alas y segundos,
la línea se irá acortando y volverá a ser lo que crearon.
A veces, incluso algo mejor.
Lo sé, porque a nosotros nos pasó.

Exclusividad

Durante mucho tiempo me costó respirar,
pero empezó a ser fácil cuando te conocí.
Hablar, hacer el ridículo y soltar bromas sin gracia.
Comer, vestir y gastar sin sobrepensar.
Hacer lo que me apetece o solo quedarme en silencio...
Todo llegó a ser fácil si era contigo.
Compartirte mis inseguridades y necesidades
acabó volviéndose costumbre.
Escuchar tus miedos e intereses
se convirtió en mi pasatiempo favorito.
Captar toda tu atención hasta oírte insistir en quedarte
fue mi mayor perdición.
Sentirte hacer lo que nunca hiciste por nadie más
y tratarme como la única de entre todo el universo
donde no cabía ni una pequeña rendija para nadie más.
Todo llevó a llamarnos especiales el uno al otro.
Ese tiempo en el que no existen ni ellas ni vosotros,
donde presente y futuro construyen un tú y yo, nosotros.
Ese que solo unos pocos saben alargar hasta la eternidad.
El que llegaste a llenar con una ilusión genuina
que recorrió cada centímetro de mi piel
y que te permitió desnudar cada pieza de mi alma.
Asegúrate de no usar tu libertad en regalar esa exclusividad
a quien no la vaya a atesorar en su caja fuerte
con la intención de cuidarla durante un siempre.

Deseo

Insaciables las ganas de sentir
tus manos acariciando mi cabello,
tus brazos rodeando mi cintura,
tus yemas caminando por mi piel,
nuestros deseos entrelazando tus labios sobre los míos.
Sensaciones de pertenecer
al lugar más maravilloso del mundo entero,
de tener toda la fuerza del universo
para protegernos entre caricias,
palabras y acciones que saben a miel.
Sabiendo que algo que llene el alma así,
no se encuentra fácilmente,
pues mientras las ganas se pueden llegar a desvanecer,
el deseo más puro
es amor inagotable.

Irresistible

Iris color pantano entre millones de cafés.
Mirador con vistas a los sueños.
Olor que sabe a infancia recuperada.
Electricidad que recarga baterías estropeadas.
Sencillez y aprecio en cada gesto.
Instantes que pasan de insignificantes a eternos.
Sonrisas capaces de congelar momentos.
Terremotos que sacuden el cuerpo.
Incesantes los suspiros que se producen al marchar.
Besos que se dan con el corazón.
Resiliencia para salir del fango y seguir caminando.
Esencia que impulsa a ser libre.
Dime tú, cómo resistirme
a esas cosquillas que remueven
cada átomo de mi cuerpo.

Amor amor

Hay días en los que brillas un poco más.
Hay a quién se le nota menos porque nació estrella.
Imagina cuánto he tenido que deslumbrar
para que empezaran a preguntarme por primera vez
de dónde había salido mi estela.
Imagina lo mal que pude disimular
que mi luz tenía nombre y apellidos
y que la respuesta que buscaban era:
"Sí, estoy enamorada de una supernova en pleno estallido".

Plan A. Plan B.

Te enseñaron bien el alfabeto de la A a la Z
Supiste buscarte un plan B, aunque yo era la primera.
Y es que el abecedario está lleno de letras,
para que sepas en qué posición tienes que ponerlas.

Intentarás ignorar, aunque no puedas
que yo he logrado lo que en el mundo llaman *proeza*:
que, aunque estés con otra no sepas olvidar
que construir contigo, siempre fue mi único plan.

Terco

El cactus que cree que nació para pinchar y pincha,
que acostumbrado al sol, ignora la sed que lo quiebra y muere.

Ambiguo

Bebía agua salada,
acariciaba dulce con la espada afilada,
reía sin parar, mas mil lágrimas lloraba,
su amor era sincero, pero luego apuñalaba.
De espaldas y a la cara.

Espíritu frustrado,
ansía libertad sin enfrentarse a su pasado,
pesa la soledad, pero es que aún no se ha encontrado,
pinta las estrellas, fantasmas difuminados.
La paz se le ha borrado.

No entendí su idioma,
presunta indiferencia y la queja que se asoma,
fardaba de valores con los vicios a la cola,
me tocó asumir que la lengua nunca habla sola.
Hablamos las personas.

Confusión

Esperé desde las dos porque venías a las tres.
Claro, que no dijiste día y se me enfriaba el té.
Sentí tu amor, me enamoré,
amamos sin querer ver
que el mapa con el que venías lo llevabas del revés.

Duelo

La sensación del peso de tu nombre
colgándome al cuello
de querer agarrar el agua
y lanzarme a abrazar el viento
de gritar a los cuatro mares
que eres lo único que quiero
de que no hay tsunami que calle
que si me callo más reviento
que este mundo se queda grande
que el corazón se me hace pequeño
que me pincha todos los días
siempre por debajo del pecho.
La sensación de que se escapa
como el aire entre mis dedos
que lo tengo, pero no es mío
que me acerco al final del cuento
que lo suelto, pero se enreda
que despierto soy hombre muerto.

Esperpento

Las vidas a través del cristal,
no son exactamente como las pintan.
Hay cristales que distorsionan la realidad,
caricaturizando tu belleza de monstruosidad
y llenando tu monstruosidad de aparente belleza.
Nos pasamos la vida buscando espejos que nos digan la verdad,
que nos enseñen todas esas cosas que deberíamos cambiar.
Quienes se detienen a mirar, ven que hay un *Matrix* inconsciente,
que son pocos en realidad, los que quieren despertar sus mentes.

Cuando a ti y a mí nos alumbraron las luces de bohemia
pude ver nuestras manos palpándonos las brechas.
Vernos el reflejo era mirarnos el esperpento.
Entender que no duele lo que toca,
sino lo que llevas tiempo cargando adentro.
El enojo y la tristeza son por ti y no hay de otra,
pues tú buscas un dedo que en la llaga te pongan
y te tiente a responsabilizarte de tu dolor
para dejar de echarle la culpa a cualquier relación.

Lo que me mostraste me impulsó a romper el patrón
a frenar en seco, a alcanzar mi mejor versión.
Quise creer que tú también elegirías la honestidad,
pero las personas del montón, no lo ven con claridad.
Te creíste incapaz de ser sincero e ignorar tu ego,
así que preferiste apartar mi mano y romper el espejo.

Río

Te gustaba tanto fluir
que olvidaste que tú eras para mí.
Que fuiste el arroyo que se unió a mi río
y preferiste separarte buscando nuevos afluentes
con quienes pudieras jugar con la velocidad
en vez de desembocar conmigo en el mar.

Experimento

Antes de producir ciencia,
los expertos esperan y observan
para hacer una hipótesis con buena base.
Ten presente que las leyes
fueron experimentos antes
que si el éxito es lo que quieres
tendrás que arriesgarte al desastre.

El amor también es esencia
me atrevería a jurar que es ciencia.
Experimentar, es tan solo una fase
no permitas que ésta te atrape.
Las teorías no están comprobadas,
tú buscas ley, no ciencia equivocada.
No desgastes los materiales
o cuando te toque, no quedará nada.

Auténtico y genuino

Soy el mar en calma
en el que te bañas.
El que te da paz
y te vacía las lágrimas.
Soy las olas en tormenta
las que ensucian tu cubierta.
Las que sacuden tu barco
y activan tu supervivencia.

Soy todo o no soy nada,
los disfraces no me encajan.
Yo me visto con corazón
y porque quiero te lo doy.

Soy arte sin intención
independiente a la opinión.
Quien decora tu desastre
y a veces lo hace ver más grande.
No soy más que imperfecta,
no quiero filtros que te mientan.
No encontré mayor regalo
que amarte de pies a cabeza.

Tal vez recibas mejores piezas
más elegantes, con más belleza.
Pero en auténtica y genuina,
no me superan, aunque esté en ruinas.

Agonía

La marea empezó a subir
se adentraba y me ahogaba.
Me quemaba los pulmones
y me retaba a morir.

Ya no había mástil ni tampoco ancla.
Cada segundo que pasaba pesaba
y la marea, la marea ya no bajaba.

Nadaba, pero me arrastraba.
La corriente agotó mis esfuerzos
por no dejarme fluir.

Mis gritos se los tragó el agua
los engullía mar adentro
donde nadie los pudiera oír.
Ni siquiera yo, estando justo ahí.

Bloqueo

Camisa de fuerza que ata y que aprieta.
Respirar que era fácil, se convierte en condena.
Sujeta tan fuerte que el roce te quema.
Te das cuenta: hará falta algo más que tijeras.
Forcejeas. No te mueves. Te rindes, te bloqueas.

Atrapado

Manos oscuras
que trepan a tu cabeza.
Hilo enredado
que remueve el estómago.
Miradas imaginarias
que paralizan como estatua.
Miedo del león que creas
y del que nunca escapas.

Te quedas en la jaula,
aunque la puerta está abierta.
La locura te acecha
y tratas de rechazarla.
Así le das más vueltas,
así ya no se marcha.
Lo que llevas roto se acepta
porque de otra forma, te mata.

Insomnio

A dos velas desvelada,
cuelgan cuencas en la cara.
Son las seis de la mañana
y aún no he dormido nada.
En los sueños me disparan,
por el día estoy cansada.
Otra noche está apagada,
las estrellas ya no hablan.

Agotamiento

Corriendo maratones
o el Camino de Santiago,
piernas con moratones
caminan más despacio.

Los huesos ya no aguantan
el peso de tu cuerpo,
los músculos se cansan
caes sin conocimiento.

La mente no responde,
los dedos no los muevo,
no llegan las señales
no hay fuerzas para hacerlo.

La meta era el camino
importa el recorrido,
que el tiempo ya no exista
esa es la mejor vista.

Sientes que te has perdido
pero escuchas los sonidos.
Ahora te has detenido,
eso es parte del camino
que forman tus pisadas
que no está definido.
Caminante no hay camino,
no hay atraso en estar vivo.

Arte

Y empecé a sangrar pintura,
a llorar en hilos, a exhalar partituras,
a enrabiar en bailes, a escribir poesía
para sentirme a la altura,
para acallar mis dudas,
y plasmarlas en un grito
que no sea desapercibido.

Supongo que no existe arte más grande
que mostrar en cada pieza
que mientras yo viva,
siempre existirá quien te quiera,
que sentirás una fortaleza,
que vendrá de mí, aunque no sepas.

Que cuando yo muera,
seguiré estando contigo,
dándote la luz que necesitas
justo cuando te sientas perdido
justo como ya lo hice,
cuando pedías auxilio.

Porque somos energía
que ni se crea ni se destruye,
que si se corta no desaparece.
Que se transforma en los recuerdos
que siempre habitarán las mentes
de todas nuestras personas, de toda nuestra gente.

Vaso lleno, vaso vacío

Tu mundo frente al mío
a veces está lleno,
aunque por dentro vacío.

¿Por qué es que te complicas?
La vida es tan sencilla,
es solo perspectiva.

Si el vaso está vacío,
lo puedes rellenar.
Si carga demasiado,
lo puedes vaciar.

Si el contenido está sucio
se limpia echando agua.
Será lento y doloroso,
pero deja el alma sana.

Colores

Te miré y vi flores y césped y océano,
atardeceres, miel y café.
Tantas tonalidades me sobrepasaron,
fue como un ciego que volvía a ver.
Esos colores que estaban tan claros,
esos en los que tú no tenías fe.

¿Blanco o negro?

Hay cataratas que se adhieren a los ojos
y velos atados con fuerza a la cabeza.
Los colores se transforman en nubes
que a veces son blancas y otras son negras.
Tú siempre respondías en escala de grises.
En tu verdad no hay blanco o negro
simplemente porque así lo eliges.
Pero está bien, lo entiendo.
Hay quien tiene más miedo de operarse el pensamiento
que cualquier parte del cuerpo.
Quien prefiere mantenerse en la oscuridad
aunque sea por comodidad
y a quién le aterra desatarse la venda
por el dolor de ver la primera luz demasiado intensa.
Si le sumas blanco al negro al final te queda gris.
Es más fácil vivir un color que distinguir entre dos
y ni te cuento entre mil.

Miradas

Se hizo la capucha hacia atrás.
Ella caminaba acelerada.
No sabía si darle dos besos.
Terminaron abrazándose el alma.
Los nervios estaban presentes.
El corazón se sentía en calma.
Una sensación extraña
de pertenecer y estar en casa.

Él guardó su mochila
y le facilitó comodidad.
Quiso compartir la suya
todo lo que tenía para dar.

Giros con baldosas
y unas atracciones más
se dio cuenta sorprendida
de que se podía soltar.

Disfrutar era la norma
acariciar la libertad.
La opinión sí importaba,
miradas de complicidad.

En lo sencillo se acompañaban
era mejor que cualquier plan.
Lo más natural del mundo
estando donde quieres estar.

A veces no hacía falta
comunicar o preguntar.
Era como si se leyeran
con tan solo respirar.

Cargaban las cosas juntos,
las pagaban a mitad.
Dar y recibir esos días
era muy proporcional.

En su malestar él la frenaba
y ella le devolvía calor.
Se apoyaban mutuamente
con o sin conversación.

Mimos en catedrales,
aviones en el mirador.
Cualquier ojo afable
percibiría su paz y amor.

Ella, su seguro antibalas
él, sus fuegos artificiales.
El beso que tanto ansiaban
al final se lo llevó el aire.
Mas quedó clara una cosa,
si sus miradas se cruzaban
el mundo ya no giraba,
sus almas se desnudaban.

Puñetazo emocional

Puedes pisar una mina y que no explote,
pero te arriesgas a que detone.
Puedes seguir pisando como si nada,
pero la bomba al final estalla.

Lo siento si fui demasiado,
de verdad siento no controlarlo,
se me explotaron las emociones
y te las mandé en cien puñetazos.

Quisiéramos volver al pasado,
quisiéramos poder arreglarlo.

Truco de magia

¿Sabes esos espectáculos en los que alguien desaparece?
Nadie sabe dónde se ha metido o si reaparecerá luego.
El público se levanta y empieza a aclamar con fuerza.
Son esos trucos de magia que causan sorpresa
los que enganchan a la gente para seguir pendientes.

Hubo un tiempo en el que yo también me emocionaba,
hasta que me convertí en testigo
de la desaparición más mágica jamás presenciada.
Hoy aplaudo al mago que con sus trucos se borró a sí mismo
y que, después de convertir risas en lágrimas durante un tiempo,
pude volver a ver en cada uno de mis escalofríos.

Completos desconocidos

Hay puñaladas que sanan antes,
y disparos que torturan menos
que esas palabras lanzadas al aire
gritando *"me inventé lo de te quiero"*,
que esas miradas insultantes
que esquivaron mis aguaceros.

Nunca fuimos yo y tu conmigo,
nunca fue real la expresión amigos.
Hoy me borras arrepentido,
hoy me empujas, me das por perdido
y con soberbia tu arma dispara
que somos completos desconocidos.

Reencuentro

Anunciaron sequía
y un invierno eterno.
Renuncié a mis necesidades,
renuncié a mis derechos.

Vino golpe tras golpe
arrasando sin freno.
El último casi
se me lleva el aliento.

Abrazar la primavera
después del helado invierno,
se sintió algo inesperado,
que no podía ser cierto.

Mas no había aroma más dulce
capaz de quitarme el sueño,
que sentirme de nuevo envuelta
en tu vida y tus pensamientos.

Un bloqueo, una huida,
huella con forma de herida.
La alarma amenazaba años
pero conté meses, sobró una mano.

Cariño, quizá esperamos
un reencuentro algo idealizado,
pero mi mente yacía rota y mi corazón está destrozado.

Enzarzados

Estaremos enzarzados,
hasta que alguno entienda
que decidir soltarnos
es la mejor respuesta.

Si cortamos la zarza de golpe
ahí nos haremos más daño.
Es mejor encontrar los nudos
y poco a poco aflojarlos.

Será imposible no arañarnos
pero el dolor minimizamos.
Fuiste tú quien lo dijiste,
pero yo no quise oírte.

No me quiero ir
aunque a veces te me claves,
pero menos te quiero herir
cada vez que mi miedo estalle.

Sé que moveré la zarza
y se clavará con ganas.
Quisiera arrancar las espinas,
pero necesito que me sigas.

Mejor si nos ayudamos a salir de esta.
Al menos tendremos historia,
al menos seremos leyenda.

Cifras

Mejor si hay más ceros en la cuenta
más comentarios en los posts
más dinero en la cartera.

Mejor si el examen es diez o cerca
si más gustos compartimos
si me sobran los colegas.

Mejor con más metros cuadrados,
con más aventuras vividas
con más materiales comprados.

Mejor cuanto más me validan
cuanto más grande es la lista
cuantas más cosas prohibidas.

Cifras, cifras y más cifras,
para puntuar las cosas
que solo los ojos miran.

Que desperdicio de días
de notas subjetivas
de vida que no es vida.

Tesoro

Mi abuela guardaba un tesoro,
una gorra en el perchero.
La gorra de mi abuelo
que hace años está muerto.

Esa gorra en sus manos
era de un valor incalculable.
Si otros dedos la cogieran
no valdría más de dos pesetas.

Depende de cada uno el precio
que le pone a lo que es nuestro.
Es lógico pensar
que será un valor inmenso.

Quizá cinco euros son poco
en los ojos de algún rico,
pero hay familias llenas de niños
que con eso seguirían vivos.

El precio entonces, ¿qué importa?
Es el valor que le otorgas.
¿Qué valor le diste a tu cuerpo
y al corazón que llevas dentro?

Pasiones

En muchas ocasiones,
las pasiones toman tiempo.
Hay que sangrar en ellas,
sacar lo que arrastramos dentro.

Existen las que aportan,
las que llenan de sentido
y también las que distraen
para no vernos perdidos.

La euforia sin control,
nos acaba desgastando,
si son momentos externos
lo único que acumulamos.

La felicidad no está escondida,
la llevas en las manos,
es la forma de vida
que regala significado.

Al final son dos tipos,
dos pasiones, dos sentidos.
Las que destruyen con sutileza
y las que crean un camino vivo.

Positivo

Las gafas con las que miraba, me hacían sonreír,
hasta que un día, no sé cómo, sentí culpa de sentir.
Incompetente e impotente de no poder huir
de conocer y hablar a voces a los que no quieren oír,
rompí las gafas al sujetar muy fuerte
las manos de quienes se quieren ir.

Negativo

La pantalla por la que mirabas, con nubes de color gris,
huracanes y tormentas de arena, que te impiden conseguir reír.
Dejaste de luchar contra ellas, enfrentarlas se sentía morir,
dejando que te arrastraran a Oz, tus sueños, tu lugar feliz.
Un mundo de fantasías con baldosas amarillas.
Puede que no fuera lo más ideal,
pero sí lo que te permitió seguir.

Polos opuestos

Somos polos opuestos,
¿entiendes ya lo que pasa con eso?

Abrazos

Hay abrazos que se sienten
como piezas de un rompecabezas
que llevan mucho tiempo en un cajón
y consiguen encajar por fin.

Besos

Es curioso como sentí los besos
de nuestros labios, que nunca se tocaron.
Es como si hubiéramos nacido de la misma estrella,
y el mismo polvo nos hubiera formado.
No sé cómo explicar esto a una generación
que asegura verdaderamente haber amado.
Nunca estuve tan segura de que la energía
se encuentra cuando menos lo esperamos.
Nunca estuve tan segura de reconocer
que todo lo que llega es para enseñarnos algo.

Cuerpos

Caparazones que se prejuzgan
hasta hacerte dudar de tu propio ser.

Almas

Esencia única con la que naces
y que alimentas con la energía
que te hace ser quien eres
y evolucionar siempre que lo desees.

H2O

A veces ni siquiera recordamos
que somos agua y nos deshidratamos.
Si tus lágrimas resbalan como las mías, déjalas ser.
Luego levántate, lávate la cara y vete a beber.

Picazón

Nos olvidamos de que no somos el veneno,
pero sí lo producimos. Sí que lo tenemos.
Si notaste picazón, quizá te clavé mi aguijón.
Por eso y por mucho más, te quiero pedir perdón.

Rabia

Víctima muy descuidada
tanta droga y maltratar.
No sé bien lo que esperaba
si no querías sanar.

Ojos algo equivocados
vieron algo especial.
No recibí más que bocados,
perro con gran miedo a dar.

No te amo, no quisiste,
que eso fuera realidad
No alardees, nunca fuiste,
amor no fue ni será.

Lo que hacías y decías,
era engaño, nada más.
No alardees, nunca fuiste,
amor no fue ni será.

Salvando descontrolada
tantas almas sin hogar,
tropecé con esta rabia,
que nunca pude expresar.

No me callo, estoy cansada,
ahora os toca tragar.
Y si empacha, te recuerdo:
nadie me vino a salvar.

No te amo, no quisiste,
que eso fuera realidad
No alardees, nunca fuiste,
amor no fue ni será.

Lo que hacías y decías,
era engaño, nada más.
No alardees, nunca fuiste,
amor no fue ni será.

Abandono

La cama se hunde.
Me pesan los pies.
El tiempo avanza,
pero yo no con él.

La ilusión se esconde,
la culpa aflora,
la vergüenza de ser yo la que llora.

El agua me ahoga,
enfría el dolor.
No encuentro palabras,
no encuentro color.

No duerme el cansancio
ni descansa el sueño.
No encuentro razones
para seguir viviendo.
Hay niebla y estoy dentro.
No veo ni cuando despierto.
Oigo tu voz y tu risa.
Mi brillo está en tu sonrisa.

Si no la veo, ¿qué hago?
Si no la encuentro, ¿cómo salgo?
Si ya no estás, me apago.
¿Por qué te fuiste de mi lado?

Amiga

Amiga es esa persona que quiere compartirlo todo contigo
que no tiene miedo a mostrarse como es
y que te permite ser quien eres.
Es quien te dice tus errores a la cara porque te quiere
y quien más se alegra de tus victorias.
Es quien te busca cuando te escondes
para enseñarte que aún queda luz
y quien te da la patada que necesitas
para que salgas a buscarla.

Mi amiga me recordó que yo no soy mis nubes
que yo soy mi cielo y que las nubes son pasajeras
pero el cielo permanece.
Que yo he aguantado muchas nubes,
algunas, de otros cielos que traían sus tormentas.
Y que quien no aguante las mías, no merece mi azul.
Ella es esa estrella que hace brillar mi cielo.

Reconciliación

Sé que lo intentaste, que te sentiste culpable,
que fuiste valiente y lo mucho que luchaste.
Yo también me esforcé, aunque no lo notaras,
el alma me sangraba, pero te justificaba.

Te tuve paciencia y compasión
elegí seguir estando para ti, ser fiel a mi decisión.
Son las tres de la mañana y decides escucharme,
todo lo que pensé que jamás podría contarte.
Me haces un hueco en tu cama de hospital.

Me secas la cara, me lavas la espalda,
me quitas las cargas y me levantas.
Me dices que me vaya, cuando quiera hacerlo,
que lo has hecho mal, que estoy en mi derecho.

Me prometes y me demuestras
que eres un poco más consciente y algo más capaz.
Me regalas tu tiempo, que es lo mejor que tienes para dar.
Me acaricias el cabello.
Es una sombra de paz.

Dos culpables

¿En qué momento
dos personas que se quieren
empiezan a atacarse
hasta destruirse?

Si pasa algo, somos equipo,
si no, nos volvemos enemigos
con mis manos en tu cuello
y las tuyas sobre el mío.

Entonces, el problema se hace doble.
Antes no había a quien echarle la culpa
y ahora no somos más que dos culpables.

Perdón

Perdón por todo el daño,
por obligarte a mirar donde no querías,
por mis palabras cuando fueron duras,
por mi presencia cuando te pesaba.

Perdón por no poder abrazarte todo el año,
por exigirte las respuestas que te aterran,
por no ser capaz de arrancarte la amargura
por tener que alejarme si me hundo en barro.

Perdón porque nos voy a fallar
y no te podré apoyar tanto como me gustaría.
Perdón porque seguramente nunca podré estar
en carne y hueso, cuando más lo vayas a necesitar.

Perdón por ser cabezota,
por creer que tengo la razón
y porque también soy humana.
Porque el problema ahora vive en mí
y porque esta vez soy yo quien se pasa.

Si quedarnos era vernos morir,
es hora de volver a casa.
Es hora de perdernos
para poder volver a vivir.

Rintintín

Puede ser que intentara
que te dieras cuenta y que aceptaras
que no hay nada malo en cómo te ves
sino en la forma en la que te ves.

Puede ser que me exasperara
porque quería que te valoraras
igual que yo lo hacía
cuando tú ni te querías.

Puede ser que me empeñara
porque era lo único que funcionaría
para poder seguir contigo
porque no podemos ser amigos.

Puede ser que no entendiera
que, si tan poco importaba el físico,
¿cómo eras tan duro contigo mismo
y cómo aún es lo que más te engancha?

Puede ser que no comprendiera
que si no importaban opiniones ajenas,
las buscaras con desesperación
regalando la energía que llevas
a cualquier cuerpo que te diera atención,
a cualquiera que no fuera yo.

Puede ser que me reventara los sesos
para que te vieras como yo te veo.
Algo que trasciende a la piel
y que la mayoría no llega a conocer.

Puede ser que me malinterpretaras
porque no hay sarcasmo ni daño en lo que te hablaba,
pero no puedo negar que estuve muy frustrada
de que no hayamos podido ser.
Puede ser que tú pasaras
por algo similar un poco antes,
cuando me acaparabas con preguntas
y reflejabas una impotencia enfadada.

Si quieres, sigue pensando
que todo fue rintintín,
pero estoy desesperada en este mundo
que atrapa a la gente infeliz.

Estoy cansada de una sociedad
que nos hace creer libres
cuando somos dependientes
de los ojos que nos miren.

Y me asusta que todo eso,
te afecte tanto a ti
y me deje esta distimia,
de la que no puedo huir.

Darling

Cariño,
mis mayores miedos ya se han cumplido.
Que nos quedáramos mudos,
como si no hubiéramos existido.
Que no me compartieras canciones,
y que borraras el álbum con mis fotos
escondiendo los regalos que te di de corazón.

Cariño,
no pude cumplir mi promesa
de apoyarte todos tus días y de no desaparecer.
Tampoco cumpliste la tuya, de no dejarme caer.
Rompiste tus valores y tus formas de ser,
las cambiaste tantas veces,
que no solo yo me mareé.

Cariño,
me sorprendió tanto escuchar lo que escuché.
Que no fui tan exclusiva, como me hiciste creer.
Que lo que construimos fue "poco"
y que lo preferías vender.
Que te determinaras insuficiente
y que eso era lo que te proponías merecer.

Darling,
te dije que tenías un pedacito de mí,
pero la verdad es que ahora, tú vives en mí,
igual que el collar de mi armario, el que compré para ti.

Monstruos

Cuando descubres a tus monstruos
solo hay dos opciones:
los enfrentas de cara o sales corriendo.

Sé que mirarlos de frente da más miedo,
por eso casi todos eligen apartar la mirada,
por eso prefieren darles la espalda.

El caso es que los monstruos,
te seguirán persiguiendo aunque los ignores,
aunque ocupes tu tiempo en distracciones.

Solo en enfrentarlos reside la libertad
en su sentido más profundo.
Los observas, te detienes, los comprendes
y les das el reconocimiento que merecen.

A veces hablas con ellos
y lo que dicen no es nada agradable,
pero cuando abrazas esas realidades
los invitas a salir de tu cuarto y salen.
Pues no vienen a amenazarte,
solo vienen a enseñarte.
Sino lo haces así,
cada decisión que tomes
y cada reacción que tengas
no será más que el eco
de uno de tus monstruos hambrientos.

Wendy

Wendy, Wendy,
todo estará bien
si a los niños logras proteger.

¿Qué hay de mí?
Estoy cansada.
Cuidar su bienestar
me tiene desgastada.

Wendy, Wendy,
no es opcional
tus sacrificios son tu necesidad.

Es mi culpa
si no sale bien.
Pido perdón,
lo tienen que entender

Wendy, Wendy,
No es suficiente,
¿no entiendes que nunca es
diferente?

Así no puedo.
Me estoy consumiendo.
Necesito mi espacio.
Necesito mi tiempo.

Wendy, Wendy,
tienes que salvar.
Es tu función, nacer y madurar.

No funciona,
la historia se repite.
Me estoy volviendo loca,
llena de cicatrices.

Wendy, Wendy,
si quieres escapar,
a ti misma te tendrás que
salvar.

Mamá

Siento que cuando pienso en ti
solo me nacen los perdones.

Perdón por no entenderte cuando gritabas por ayuda,
perdón por no poder ser la amiga que deseabas,
perdón por no alcanzar cada uno de tus estándares,
por no aprender las cosas básicas que no supiste enseñarme
y por querer ser libre y no respetarte.

Perdón porque no entendí que si no te amabas no podías amarme,
perdón por no querer escucharte,
perdón por querer ponerme enferma para que me mimases,
por no aceptar tus besos con ilusión
y por quedarme atascada para dártelos.

Perdóname por no querer ser como tú,
por quejarme de las marcas que grabaste en mis venas
y por no poder demostrarte que te quiero, aunque sí lo haga.

Papá

Un buen papá es sinónimo de pilar indestructible,
ese al que no quieres hacer ningún rasguño.

Es un peñasco afilado,
al que no siempre tienes fuerzas para acudir
aunque quieras quedarte en sus brazos continuamente.
Es una balanza de justicia entre lo correcto y lo incorrecto,
el equilibrio perfecto entre disciplina y amor.
Sin duda, un ejemplo valioso del tipo de persona que quiero ser.

A ti es al que más miedo me da defraudar
porque una vez casi te pierdo por otras manos
y no quisiera tener que perderte por las mías.
Se me atascan las palabras como casi siempre.
Se acumulan en el tapón de mi garganta.
Supongo que en ti se aplicarían las más mágicas:
Lo siento, te quiero y gracias.

Amanecer

En mi vida siempre ha existido una luz multicolor.
De pequeña, me recorría con cosquillas
y muchas veces me hacía rabiar.
Hubo días en que la encontré más apagada
y como Luna que no recibe los rayos de Sol,
yo también me apagaba un poco.

A su alrededor no era más que una sombra
y que se pusiera al atardecer me aterraba.
Pero se me pasó cuando noté que cada día salía de nuevo
para alumbrarme hasta en las noches más profundas,
tal y como prometió hacer todos los días de su vida.

Es verdad que las promesas sí se cumplen
cuando salen de las bocas adecuadas.
También es verdad que no todas las mañanas
te levantas con ganas de brillar con ella.
Pero sería una imbécil si no reconociera
la felicidad que irradia su presencia en mi vida.

Algunos llamarían a este fenómeno Amanecer, Aurora o Alba.
A mí me gusta más usar el término Hermana.

Águila

Al águila que me preparó para volar
elevándome y soltándome para hacerle frente al mundo.
Esa, que siempre me miraba en la distancia
revoloteando sobre mí para que no fuera el polluelo
que cae en soledad contra el suelo.

Se lanzó en picado, cada vez que me cansaba.
Me recogió sobre sus plumas cada vez que tropezaba.
Esas alas incansables, nunca me abandonaron,
ni siquiera cuando yo me alejé de su lado.
Esas alas se extendieron durante horas, días y años,
protegiéndome de vientos fríos y del sol que quema amargo.

Sé que nunca permitió más de lo que pude soportar,
que conté con su protección para aguantar
y que lee la esperanza que heredé en mi pecho
para ayudarme a recobrar las fuerzas
como si realmente este polluelo,
tuviera alas de águila que por mucho que corran
no se agotan como para tocar el terreno.

A ti águila, ¡a ti cuánto te debo!
Gracias a tu poder, alzaré el vuelo de nuevo.

Incondicional

Dicen que los girasoles
siempre miran hacia el Sol
y que si un día los deja solos
buscan entre ellos su color.
Dicen que no preguntan,
solo se miran y reconfortan,
sabiendo que tarde o temprano
el Sol vuelve y se asoma.

Cuando sale de nuevo,
lo comparten con los demás,
no se alargan para tapar,
no se olvidan de ti y te hacen hueco.
En mi campo guardo girasoles
les tengo cariño a esas flores
que te apoyan con ilusión
y no se andan con complicaciones.

Agradezco que no me exijan
ni me pidan explicaciones
cuando a mi jardín no llega el sol
y me lloran las nubes a borbotones.
Agradezco que sean tan puros,
tan naturales y seguros
de que confiar en mí es un acierto,
de que recuperaré mi valor con el tiempo.

Hospital

Un día decidí ir a visitar a un señor un tanto peculiar.
Habitaba en una sala de tan solo tres sillones.
El de color siempre era para él.
De los restantes, yo prefería el gris.
El blanco siempre estaba vacío.

Se definía por ser el ser que solo existe cuando estás en la sala
y el que desaparece en cuanto te vas.
Una idea atractiva a la que no me pude resistir.
Así, todo lo que dijeras, nunca habría existido.
Aproveché entonces para resumir malamente
todo eso que nunca contaba al cien por cien.

Cuando sacó la lupa, mi ansiedad quiso desconfiar un poco.
Era un instrumento único que permitía ver,
oír y oler lo que no se puede,
eso que está atrapado en tu cerebro, en tu corazón,
en tu estómago y también en tu garganta.
Pero me advirtió que solo funcionaría si yo creía que funcionaba.

Me enseñó a ver las formas y colores que debía organizar,
las que se convertían en prioridad y las que había que desechar.
Me ayudó a enfrascarlas y a abrazarlas con mis alas de mariposa.
Y cuando me iba, siempre me sonreía y me despedía.

Temí el día en que dejara de ver esa sonrisa
al tiempo que anhelaba agradecida no tener que regresar.
Sabía que su puerta seguiría abierta cuando lo necesitara,
y que guardaría mis secretos mejor que un mejor amigo.

Letras

Empecé a llorar letras
así que las tuve que organizar
y de alguna manera, eso me ayudó
a equilibrar mi cabeza.

Te quiero

No voy a morderme los *te quieros,*
pero prometo no incomodarte.
Te los gritaré de todas las maneras que pueda.
Cuando no puedas más.
Estoy aquí. Te quiero.
Cuando cumplas una meta o un sueño.
Eres increíble. Lo has conseguido. Te quiero.
Cuando pienses que no eres suficiente
y que nadie confía en ti.
Quiero contarte qué me ha pasado. Te quiero.
Cuando se te atasquen las rutinas.
¿Cómo has dormido? ¿Has comido bien?
¿Has llegado? Te quiero.
Así que perdona si cuando tú lo haces por mí
yo imagino tus te quieros.

Llave maestra

Puedes estar en la cárcel y ser libre.
Puedes vivir de aventuras y sentirte preso.
Eres prisionero de tu propio juego
y también quien guarda la llave maestra.
Tu propio carcelero.

Inviable

Que la Luna alumbre al Sol o que la oscuridad te ilumine.
Que se apaguen las estrellas o que se detenga el tiempo.
Hay cosas que son inviables por mucho que nos empeñemos.
Aún estoy aprendiendo a llevar ese sentimiento.

¿Cómo agradecer el día si sigo queriendo que sea más largo?
¿Cómo agradecer la noche si la vivo sin descanso?
¿Cómo superar una historia en la que sobró amor?
¿Cómo asimilar que sobrar no fue suficiente?
¿Cómo tragar que perderte es la forma de encontrarme a mí?
¿Cómo ser capaz de caminar de la mano con quien sí me elija?
¿Cómo sentir que honro tu huella, sin sentir que me traiciono?
¿Cómo negar que fue real si me ha transformado?

Sigo aquí y a veces oscurece. Entonces... puedo brillar más fuerte.
Si el dolor sirve para algo, que sea para hacerme crecer
para atreverme un poco más y para ser un poco más también.
Aunque no te permitas enfrentarlo ni me quieras recordar,
yo lo haré por ambos y te dejaré volar. No tengo nada que perder.

UN FINAL

Ojalá

Antes quería que te dieras cuenta
de eso tan bonito que llevas dentro,
de eso que tapaste con capas de maquillaje
como si fuera algo imperfecto.

Ahora solo espero que algún día veas
que teniéndolo Todo
elegiste la Nada que aun pareciendo mucho
no es más que papel que lleva el viento.

Y con todo el dolor de mi corazón
deseo que quieras volver y no tengas valor.
O que, si lo intentas, yo ya no esté.

Ojalá a ti también te duela.

La voz que me susurrabas

Todo irá bien o al menos lo intentaré.
Quiero que te quedes porque sé que me ves.
Pero a veces siento que yo no te digo esas cosas.
Me asusta sentir raíces en vez de mariposas.

¿Cómo puedo sostener tus alas si soy un huracán?
¿Cómo puedo aferrarme a tu suelo si te voy a arrancar?
Sabía que te rompería como a las demás
y daba aún más miedo porque eres de verdad.

Quiero que no te vayas, pero no pensé bien
lo poco que yo era y que no sé qué es querer.
Si tú eres la vida que yo siempre busqué,
debería sentir que te puedo merecer.

Lo siento, porque destruyo todo lo que toco,
porque soy el cobarde y tú has tocado fondo
Lo siento, porque todo lo que ha pasado es mi culpa
y no me puedes convencer, no tengo ninguna duda.

Quiero engañarme y decirme que todo irá a mejor
si me voy de tu lado para y por tu protección.
Y que si no fue no fue, porque no tenía que ser,
aunque tuviera las maletas hechas desde que te encontré.

Quiero que olvides lo que pasó conmigo
que encuentres a alguien que te quiera bonito
y que sí sepa cuidarte, mirándote como yo te miro.

Cuéntame un cuento

Érase una vez otro intento
de una vida que ríe en reencuentros.
Por favor, si volvemos a vernos
ve directo al final del cuento.

Dime si reuniera a todo el reino
a quién buscarías primero.
Dime porqué esa persona,
porqué daría igual el resto.
Di su nombre y tus motivos
en alta voz y sé honesto.

Si por casualidad me tomas,
si soy yo esa persona,
sé fiel a tu palabra
y no me dejes sola.

Si tus actos no acompañan
tu manera de sentir,
si sigues sin sacrificar eso
que te impide hacerme feliz
mejor no digas nada,
mejor vete de aquí.

Haz como si no me conocieras y por favor,
por favor déjame ir.
Ya no me gustan los cuentos,
que no se van a cumplir.

No me gustan las personas grandes

He vivido demasiado tiempo entre mayores
y mentiría si dijera que no me parezco un poquito a ellos.
Vivo constantemente intentando esquivar sus pensamientos,
sus prioridades y sus bloqueos.
Pretendo escapar de todo aquello
que hace que no pueda oler las estrellas ni rozar el cielo.

Solo con el corazón se puede ver bien
que lo esencial es invisible a los ojos.
Imagino entonces que el problema reside
en la falta de corazones que carecen de miedo a ver.
Detesto todos y cada uno de los miedos impuestos
que nos agarran y nos contagian como si de un virus se tratara.

No, no vales más por tener más.
ni vales menos porque te acaricien menos,
ni siquiera hay valor en la cantidad de metas que alcanzas.

¿Quién te dijo que eras más pequeño por ser tú?
¿Quién se atrevió a hacerte insuficiente por ser único?
¿Quién te engañó diciéndote que la felicidad estaba fuera de ti?
¿Quién te aseguró que eras un fracaso sin solución?

No lo soporto,
me da asco usar mis oídos, mi lengua, mis ojos...
Elijo el corazón,
que ahí dentro está el oro.

Corazón de niño

Nuestro corazón siempre ha sido el mismo.
Si lo notas diferente, la vida lo habrá endurecido.
Un escudo que protege a ese pequeño niño
que siente como nunca antes
que abraza cuando está dormido.

El secreto es rodearte de personas
que te hagan sonreír el corazón.
Dejar que le prendan fuego
que quiebre y derrita tu hielo.
Se trata de luchar con valor
de entender tus monstruos
y tenerles compasión.
De hacer espacio y llenarlo de emoción.

Aceptar que las llamas abrigan
a la distancia correcta.
Que quien te quiere no te quema
y que tus miedos te condenan.

Sentir duele, pero no mata.
Así sabrás que estás vivo,
cuando dejes correr libre
a tu corazón de niño.

Peter Pan

Peter Pan no quiere crecer
quiere ser el niño
que nunca pudo ser.
Peter Pan no quiere trabajar
quiere vencer piratas
porque le da libertad.

Peter Pan se siente tan eterno
cree que siempre es joven
que siempre estará a tiempo.
Peter Pan es un líder valiente
egoísta e impulsivo
puede hacer daño a la gente.

Peter Pan es un espíritu libre
pero así no evoluciona
y eso le hace estar triste.
Peter Pan se queda solo
admirando desde lejos
cómo los demás siguen.

La tercera estrella a la derecha
y todo recto hasta el amanecer,
el país que dejas cuando te atreves a crecer.

Hay una Wendy para cada Peter Pan.
que no se compromete hasta que le oiga a pronunciar:
"Hasta nunca, Nunca Jamás".

Nunca Jamás

Nunca Jamás es una trampa,
a fin de cuentas, el tiempo avanza
y las oportunidades, un día se acaban.

Es el lugar que te convierte
en prisionero de tu propio juego,
ese que juegas desde pequeño.

Los niños perdidos también mueren.
Es aún más triste, pero sucede
y cuando quieren crecer, ya no pueden.

Sinceramente, te quiero así,
aunque a veces, quisiera confiar
en que lo que haces, te hace feliz.

Trato de hacer algo por los dos,
por eso a Nunca Jamás le digo adiós.
Agárrame la mano si quieres venir.

Yo seguiré a contracorriente todo lo que pueda,
exprimiré todo el tiempo que me queda.
No tengas miedo, te mandaré todos los dedales que quieras.

Siento que cuando me echas de menos
te asomas a mi ventana,
te vas antes de que pueda verte,
pero siempre veo tu sombra.

De pequeña, mi película favorita era Peter Pan,
soñaba con volar hasta allá,
al lugar donde quería estar.
No esperaba vivir esta historia,
no esperaba hacerla realidad.

Vivirlo fue una gran aventura
y espero que se disipen tus dudas,
que dejes de huir de tus miedos
y ver tu sonrisa más pura.

Le pido un deseo a esa estrella,
que ya no sabotees tus escenas bellas
por temor a perderlas.
Que un día ya no te veas con vergüenza.
Vales más de lo que tus heridas cuentan.

Ya no me quiero quedar,
me niego a perder mi identidad.
Solo quiero que encuentres
la libertad y la paz que son de verdad.

Recordaré cuando mire al cielo
este amor que me hizo florecer.
Y ahora tan solo dejaré
que Campanilla te cuide y te guarde.

Mi rosa, tu zorro

No necesité ver a otras rosas
para darme cuenta de que la mía
era única y preciosa.

El tiempo que pasé con ella
la hizo tan importante
que, aunque joven para amarla,
supe regarla y cuidarla.

Mi rosa me pinchó.
Me domesticó y consiguió
esa necesidad el uno del otro
para luego pedir que yo fuera su zorro.

Sinceramente, pienso que es algo incluso más especial,
pero después de todo, yo no lo supe gestionar,
pues sabía que mi rosa era orgullosa
y eso me ponía en una situación peligrosa.

De momento, seré feliz cuando mire al cielo
y pueda decir satisfecha,
que existe una flor de la que solo existe un ejemplar
entre millones de estrellas.
Y que, aunque estemos lejos
mi flor está allí, en alguna parte.
Pues, al fin y al cabo, el amor verdadero comienza
cuando no se espera nada a cambio,
cuando no esperas que venga nadie a darte.

Muñeca de trapo

Me dicen que me olvide de ti,
que no me convienes ni puedes hacerme feliz.
Pero cuesta porque cuando te tuve
me enamoré de ti, pero también de mí.

Me dicen que se supera,
que es posible que ya no te quiera.
No entienden que quien toca el alma
no desaparece y siempre se lleva.

Voy recuperando las fuerzas,
avanzo lento, pero no me detengo.
Sé que no todo fue rosa,
que imaginé sueños con ojos abiertos.

Odio ser muñeca de trapo,
duele ser un juguete que dejan de lado.
No guardo rencor por eso,
porque tengo claro que no fue intencionado.

Hoy, igual que tú hiciste,
elijo no elegirte aun con el corazón desbocado.
Prefiero respetar mis límites
darme el permiso, pues también me he amado.

Te llevo en cada recuerdo y te repetiría mil veces más.
Pero merezco menos confusiones y ser siempre el único plan.

Lobos

Vivo con un lobo
y estuve a punto de mudarme a la cueva de la cría de otro.
Supongo que cuando uno se acostumbra a los bocados
un par de arañazos no se le hacen raros.

La Bella y la Bestia

En el fondo no sé si fuiste consciente o no.
Si no lo eras, todas estas palabras te las quedas.
Si sí lo fuiste, solo te doy las gracias por dejar que me fuera,
pues quizá ese sí fue tu primer acto de amor:

"Dejar escapar a la bella
de la bestia que permites
que habite tu interior".

Terminal

Y en ese momento entiendes
que no puedes culpar eternamente a otros
por causar la enfermedad que tú mantienes.

Que tu cajón está lleno de medicinas
y tú tienes el poder de abrirlo y tomarlas
o mantenerlo cerrado como si nada.

Y entiendes también,
que quien pasa de largo
se arriesga a incubar una enfermedad terminal.

Que esa enfermedad,
es una libertad suicida,
pero no deja de ser libertad.

En cada estrella que veas

Si lo único que compartimos es el cielo
y el cielo lo llena todo,
quisiera que cuando mires arriba
sientas que no estás solo.

Las luces de la ciudad me dan miedo,
miedo porque tapan las estrellas,
impidiéndote notar con su luz artificial
que estoy en cada estrella que veas.

Un gesto hermoso

Es bonito no buscar reemplazos,
ser noble y saber perdonar
por mí y también por ti
para que no te invada la culpa
y así puedas seguir.

Cambiar mi forma de quedarme,
irónicamente implicó marcharme
aunque sinceramente, aun te siento aquí.
Invisible, te acompaña tu ángel de la guarda
para darte fuerzas cuando te quieras rendir.

Normal

Lo normal asusta porque no es normal.
No son normales las traiciones,
los engaños ni las manipulaciones.

No son normales las rupturas
ni las despedidas más duras.
Ni son normales las depresiones,
la ansiedad ni otros dolores.

Qué miedo que a día de hoy
se sienta normal lo incivilizado.
¿Cuántas cosas más habremos normalizado?

Narcisos

Anunciaron las trompetas
que las ninfas llorarían,
que los bosques de egoísmo
siempre las perseguirían.

Con sus múltiples ramas
los árboles se aparecían.
Espesos hasta tapar el cielo,
creen que la oscuridad es día.

Tan vivos y conscientes
del daño que causarían,
sonríen grandilocuentes
cuando las ninfas les suplican.

Creyendo con inocencia
que otro árbol las salvaría,
saltan de copa en copa
mas todos las invalidan.

Se sumergen en el estanque
igual que hizo Narciso,
hasta aceptar que cada ataque
fue un plan de quien no las quiso.

La llama que les apagaron
chisporrotea de nuevo.
Arrancar los narcisos del lago
dirige a otro bosque más bueno.

Los árboles se sienten raros
pues recuerdan a quienes las atraparon,
pero son seguros y dan abrazos.
Aquí se acaban los disparos.

Las ninfas no tienen culpa,
salieron cuando pudieron.
A veces aún se asustan,
pero hay paz desde que están lejos.

Cero por ciento

La parte más dura de acabar
es volver a empezar.
Cuando casi estás en la meta
empiezas a ir más despacio
porque sabes que se acerca
y no lo quieres ver llegar.
Ahí es cuando hay que hacer espacio
para encontrar esa cosa
que no sabías que habitaba en ti.
Para encontrar esa cosa,
que te dio una razón para vivir.
La parte más dura de empezar
es asumir que hay algo que se va a acabar.

División

Hay dos partes en cada sacrificio:
el dolor de dejar atrás lo que amas
y lo que te está esperando del otro lado.

Apagón

Mi alma dejó de encenderse.
Qué valiente fui al retirarme de aquella bombilla fundida
que en su día me alumbró como ninguna otra.

Poleas

Y si la carga tiene que permanecer
puedo fabricar poleas que me ayuden a llevarla
desde el alba hasta el anochecer.

Y si dejo de esperar que se haga ligera
dejaré de buscar las respuestas que no existen
y podré hacer que las lágrimas no duelan.

Y si siento que es el final del camino
me daré todo el tiempo para sentirlo,
así es como nacen los mejores vinos.

Y si consigo unos buenos guantes
ya no me quemarán las cuerdas
ni necesitaré abrasarme para saber que son reales.

Y si me preguntan si voy a olvidar,
responderé que así no se crece,
que, aunque lo especial no se repita, es parte de mi hogar.

Y si me suplican salir de donde se encuentran
les diré que pueden cuando quieran,
que necesitan atreverse a sentir, solo así se puede salir.

Y si se desesperan por saber cuándo llega,
les recomiendo imaginar el momento
en el que el amor ilumina más que pesa,
en el que su historia se sigue escribiendo.

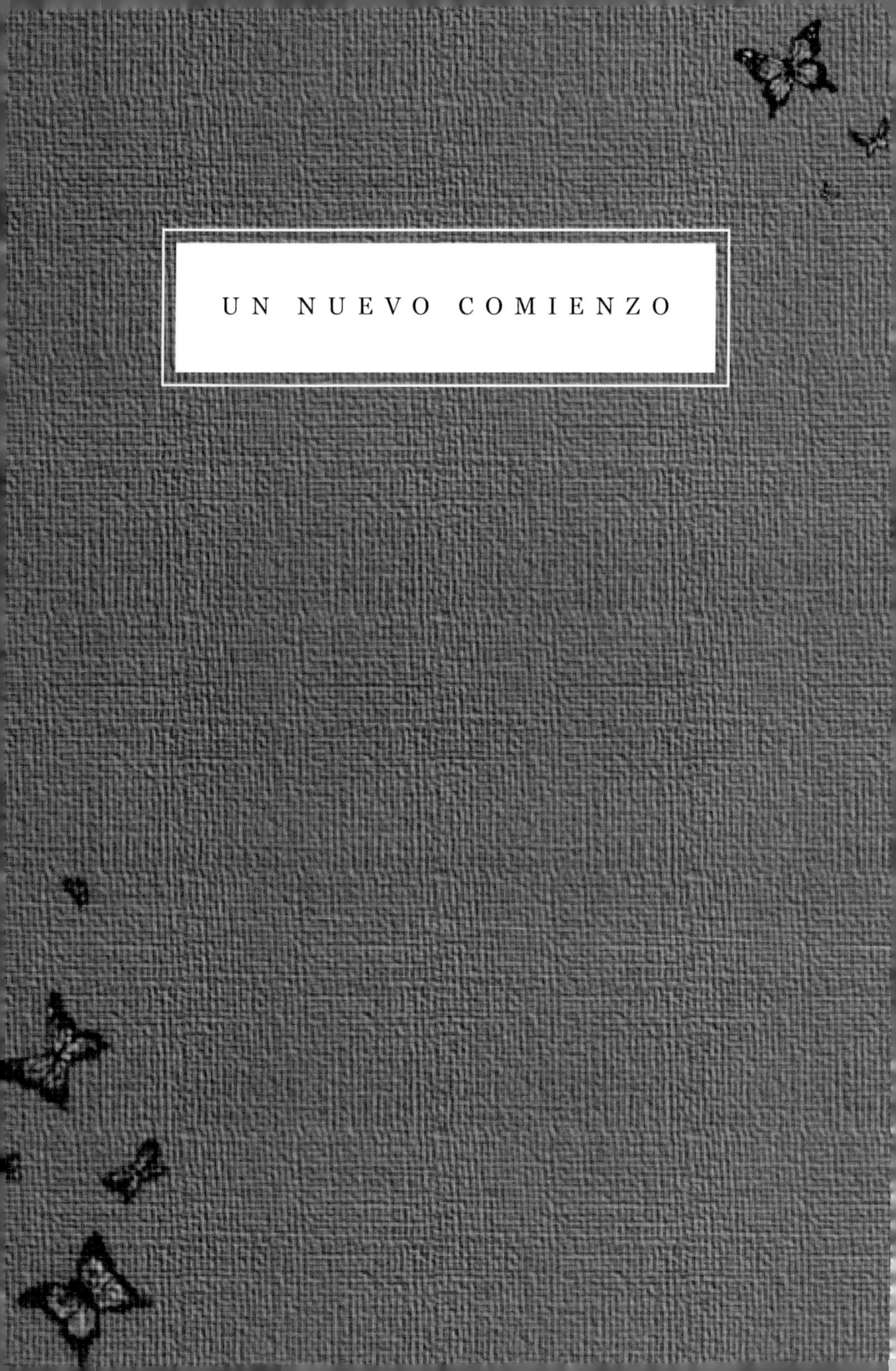
UN NUEVO COMIENZO

Año nuevo

Y mientras otros celebraban
el final de un año más,
yo escribía y combinaba capítulos
en los que manifestaba mis deseos de soltarte.
De ser capaz de abrazar mis luces y sombras.

Quizá necesite unas cuantas estaciones más
para ser capaz de abrazarte sin apretar
y transitar esa amistad que siempre quise que fueras
mostrando un amor que no culpa,
que no carga, ni ahoga ni desespera.

Mostrando un amor que, en su máxima forma de expresión
deja ser sin dejar de ser
y se convierte en objeto de admiración
de todos aquellos que anhelan
una compañía sana.

Amor propio

Te amé tanto, tanto, tanto,
que aprendí a dejarte ir.
La cuerda que tan fuerte agarraba
para que no cayeras al precipicio
se rasgó, se empezó a partir.

Te amé tanto, tanto, tanto,
que olvidé quererme a mí.
Me susurraste las palabras
que temí desde el principio:
"ya está bien, mejor déjalo aquí".

Aprendí que soltar el apego
no significaba amarte menos
sino volver a vivir
aunque no fuera junto a ti.

Te amé tanto, tanto, tanto,
que elegí amarme primero a mí.

Niña de oro

La niña de oro
siempre es perfecta
se deja llevar
esclava de lo que desean.
Es el ejemplo
de sueños frustrados
que nunca fueron suyos
que solo ha arrastrado.

Es la que brilla
mientras unos la envidian
y otros la halagan
a cambio de nunca ser niña.
Es la que no tiene identidad
no tiene favoritos
y va escribiendo una historia
que no se siente real.

Pórtate mal.
Aprende a fallar.
Hazlo a propósito.
Déjate llevar.
La niña de oro
que se quede atrás.
Ya está bien, vive tu edad.
Rompe las reglas, toca disfrutar.
Despide las expectativas
que son de los demás.

Atrévete a ser libre

Ser libre requiere valor.
Valor para aceptar la ironía
de que ser libre es tener límites
abrir los ojos y el corazón.

Entender que primero hay que librarse
de todas las mentiras
de cada necesidad y miedo
del mundo que nos puso de rodillas.

Entender que tienes pensamientos
y que ellos no son tú.
Discernir cuáles aceptas y cuáles te quitan luz
para así dejar de vivir en esclavitud.

Ser libre no es impresionar al resto
ni rebelarte contra ellos.
No es evadir las circunstancias ni fallar a tu esencia.
Es abrazarlas fuerte sin que te creen dependencia.

La libertad primero asusta
pero luego enriquece.
No es cosa de débiles,
está hecha para fuertes.

Atrévete a ser libre,
atrévete a ser héroe.

Revitalizar

Me he sentido tan utilizada,
que me enfrié y me dolió hasta dar.
Rechacé mi esencia y me afectó al instante.
Me hizo sentir infinitamente vulnerable.

Cuando conseguí ser un mínimo de lo que era
me emocioné tanto que lloré de orgullo y felicidad.
Cuando me acepté de nuevo y entendí que no hay nada más
completo
y que lo que opinen los demás se queda pequeño.
Cuando encontré mis límites y fui la primera en respetarlos.
Cuando ayudé como solía hacer, pero ayudándome a mí primero...

Vi galaxias en mis ojos, vi flores en mi pecho
y belleza y verdad en cada rincón.
Sentí el impacto de mi propio océano
y me enamoré de lo que eso supone,
de elegir quedarme cuando podría huir,
de elegir el valor antes que la cobardía,
de elegir darlo todo antes que quedarme con las ganas,
de elegir la calma frente al caos
y de que eso sea suficiente sin necesitarlo de vuelta.

No me rendí y me doy las gracias,
por no abandonarme y seguir siendo yo
en un mundo que me presiona a ser algo que no me corresponde,
cuando es el mundo el que necesita lo que puedo otorgarles.
Me doy las gracias por seguir llena de vida. Por estar revitalizada.
Por ser yo.

Esperanza

El ancla que te mantiene estable
cuando la vida se vuelve un desastre.

Imaginación

El rayo de luz que perseguía
como si en él se escapara mi vida.
Ese reflejo me decía
que paraíso mejor no existía.

Esa historia me la creía,
todo el tiempo, mientras dormía.
Todo lo que imaginaba,
lo construía y lo levantaba.

Hasta que pude notar un día
que la lámpara se veía rara.

Realidad

Me quieres, pero no quieres algo serio.
Te gusto, pero no lo suficiente para elegirme.
Te doy paz, pero tú no puedes dármela a mí.

Quizá yo no era para ti ni tú para mí.
Te dejaré entonces ser una huella bonita
y una persona especial de la que solo esperaré una cosa:
su felicidad.

Metamorfosis

Recuerdo al gusano del que se burlaban
porque decía que volar era lo que más soñaba.
Recuerdo que se reían mientras descansaba
dentro de su capullo hasta la madrugada.
Ahora ha cambiado y no dejan de admirar sus alas.

Dar y recibir

Prometí ser luz,
pero me confesaron
que llegué a ser memoria luminosa,
para todos los corazones que me vieron brillar.

Prometí ser una guía,
pero no volveré a estar perdida.
Me niego a deambular por los bosques
sin un techo donde refugiarme de noche.

Prometo cerrar los finales que ya no caben
aunque los tenga que forzar
y tenga que tirar la llave.

Prometo no volver a usar
un vestido que no me encaje
ni volver a sentir
que mi piel ya no me queda bien.

Prometo dar todo lo que me nazca
y marcharme si no recibo nada.
Guardar cada huella bonita
en un lugar sin despedidas.

Prometo seguir siendo auténtica
incluso cuando eso abruma.
Cambiar, pero no del todo.
Ser del cielo, la Luna.

Planetas alineados

Si nuestros planetas se alinearon
quizá fue por esa fuerza que ansía la libertad.
Quizá la perseguíamos tanto,
que nos encontramos a mitad del camino.
Quizá nuestras definiciones eran distintas
pero nuestro anhelo era el mismo.
Quizá llegó a ser tan insaciable
que seguimos gravitando en otras partes.
Yo sigo en Venus y tú estás en Marte
y sé que el universo es gigante,
pero para nosotros, no se ve tan grande.

Mensajeros

No atraes el mensaje que quieres dar.
Atraes el mensaje que estás dando.
Eres autor, mensajero y destinatario.
¿Qué mensajes te vas a enviar?

Yo

Querida yo,
lo siento por cada vez que te hice menos,
por cada vez que dejé que te callaran,
por cada vez que dejé que te atacaran,
que se aprovecharan de ti y te maltrataran.
Lo siento por no poner los límites que necesitabas,
por creer que podías con todo
y agotarte por hacerte tanto la fuerte.

Lo siento por negarte la ayuda
y también por negarte el poder buscarla.
Por no salir a tiempo de los lugares que duelen
y que ahora arrastras.
Lo siento por no escucharte ni abrazarte,
por racionalizar tanto y justificar a los demás,
por echarte la culpa de lo que es y de lo que no también.

Lo siento por desaprovechar oportunidades de crecer
y por tenerte anclada al veneno.
Por no romper el círculo
y por repetirlo en cada vínculo.
Lo siento por no frenar antes,
ni cuando sentí que te rompías.
Por ignorar cada grieta y porque no haya marcha atrás.

Sé que la cuesta se hace larga,
pero desde aquí arriba se ve mejor.
Atentamente, te espera un abrazo de tu mejor versión.

Sirenita

Me robaron la voz,
me costó infiernos recuperarla.
A veces aún siento algunas manos,
que pretenden arrancármela.
A veces aún siento que lo consiguen,
que la tienen secuestrada.
A veces no hay sonido
y me ahogo entre las algas.

Silencios

Si me ves muy callada,
dame un abrazo.
Igual te empujo,
igual te aparto,
pero ni te imaginas
cuánto me hace falta.

Sanar

Cuando sanas,
no te sanas solo a ti,
sanas todas las partes de ti
que dejaste en otros.

Cuando te priorizas sin ego,
te llueven los regalos dentro,
inspiras a todos los que te aman
hoy, ayer y por supuesto, mañana.

Si existe la magia… esa es la de verdad.

Calma

A día de hoy elijo la calma,
porque la intensidad
hizo que ya ni respirara
y me hizo desear morir.

Catarsis

Escuché cada miedo
lo grité, lo nevé.

Abracé cada herida
la entendí, la lavé.

Atenué mis alarmas
susurré *"ya estamos bien"*.

Me arranqué las cremalleras,
mi alma la desnudé.

Sentí cada melodía
la canté y la solté.

Paré la velocidad de los días
cambié mi forma de ver.

El fénix que habita dentro,
catarsis, renace otra vez.

Propósito

Viviré sin culpa,
porque siempre que di amor
fue porque alguien lo necesitó.

Me iré sin vengarme,
de los que tienen el interior demasiado feo
pues se destruirán solos temprano o tarde.

Estaré agradecida,
porque el día en que se borró la salida
me di cuenta de que la salida era yo.

Viviré sin vergüenza,
de hacer las cosas a contracorriente
persiguiendo los sueños que me hacen diferente.

Observaré con ilusión,
como alguien más podrá experimentar
algún día mi amor y mi paz.

Admiraré mi pasado y mi presente,
al darme cuenta de quién soy
y de las experiencias que me hicieron crecer.

A veces seré poco y a veces demasiado
pero siempre seré suficiente
y mi esencia bailará conmigo
sabiendo que me he aceptado.

Un ser transparente

¡Qué bonito el mar azul!
¿Pero lo has visto cuando brilla tanto que se vuelve blanco?
¿Lo has visto rosa y naranja?
¿Lo has visto desprendiendo su rojo?
¿Has visto el momento exacto en el que se camufla con la noche?
Y, sin embargo, tan transparente...
¡Qué bonito el mar en todas sus estaciones!

Si aún no crees en ti

Todo cambia cuando te das cuenta,
sanar no es el destino, sanar es el camino,
que durará mientras sigas vivo.

Todo lo que aprendes, todo te transforma.
Seguirás descubriendo nuevas capas
y nuevas ventanas por las que dejar entrar la luz.

Llegará un punto, en el que el dolor no será tu centro,
en el que amar ya no cargue tus hombros.
Pues si ese amor te ha transformado tanto,
imagina todo lo que te queda por seguir explorando.

La clave de crecer está en no perder la esencia
de lo que nos hace soñar y nos permite imaginar.
Pero también en amar con intensidad
sin miedo al compromiso y a la responsabilidad.

Si no te rindes y te abrazas,
te juro que un día vuelas.
Y agradeces ser y estar.
Porque es que tienes tanto para dar
y eres tan único y especial,
que merece la pena seguir,
por mucho que haya que luchar.

Secretos

Siempre se me ha dado bien
eso de guardar secretos.
Atesoré los vuestros
y los míos los encarcelé.

Aprendí que los errores
no están permitidos
y que algunos latidos
están prohibidos.

En este nuevo comienzo
revelo mi secreto más indefenso.
Lo abrazo y lo suelto.
Que se vea en todo el firmamento.

Cuando pensaba que estaba entera,
conocí a mi alma gemela.
Me puso el mundo patas arriba
y marcó un antes y un después en mi vida.

No era más que un ser humano
normal y corriente como cualquier otro.
Pero no podíamos unir nuestras manos
sin sacrificar los tesoros que cargamos.

Lo agarré con tanta fuerza
que me rasgué el alma
y le arañé el corazón.
Sí. Aún nos quedan secuelas.

Me impulsó a crecer,
me dejó ser yo
y me forcé a ver
todo mi interior.

Así que todo lo malo
en verdad no fue para tanto.
Fue una historia con encanto
que seguirá vibrando en mi piano.

Si algo me faltó fue un abrazo largo
y un beso de esos que se dan
para congelar el tiempo
riendo o llorando con los ojos cerrados.

Y prometo que aprendí de lo ocurrido,
que entendí hasta los sinsentidos,
que sigo deseando que el camino sea largo
porque así es como se llena de significado.

Y sé que algún día nos volveremos a ver.
En esta o en otra vida. Eso ya no lo sé.
Y me leerás el *te quiero* en las pupilas
Uno algo más ágape o un poco más *philia*...
pero sin duda, uno que nos deje ser.

Eco

En el monte oí un eco,
lo sentía muy real.
Lo perseguí hasta un hueco
tenía una cara familiar.

Tu familia es quien te cuida
o eso asumes de bebé.
Cuando te causan las heridas
no lo puedes ni creer.

El sonido se dispersa
y rebota en las paredes.
El viento distorsiona
el olor a amapolas.

Huele a inútil insuficiente
a venderse a lo que quiere la gente.
Suena a taladros y martillos,
se confunde la calma con ruido.

El eco se repite una y otra vez,
tu voz lo presenta incapaz de contener.
La abrazas y te reencuentras con tu yo del ayer,
cambias las palabras que creías merecer.

Esto es un resumen de lo que no te supe contar,
que vivía en guerra y la confundía con paz.
Que este es el principio de un eco que empiezo a controlar.

To be: Ser y estar

Al final del día entendí que merezco mucho más,
que de nada sirve estar si no somos
y de nada sirve ser si no estamos.

El tiempo y la energía
son nuestros mejores regalos
porque no llevan papel ni se caen de las manos.

Por eso, empiezo a querer más
a los que eligen estar presentes
y que sea justo eso lo que quieran celebrar.

A quien se queda porque se quiere quedar.
A quien pese a no entender del todo me deja respirar.
Gracias por ser y estar.

A quien no teme convertirse en un hogar de seguridad.
A quien sigue confiando cuando me tambalea la risa.
Gracias por ser y estar.

A quien me deja libre sin dejar de caminar junto a mí.
A quien se elige sin dejar de elegirme.
Gracias por ser y estar.

A quien ni se le pasa por la mente huir.
A quien baila conmigo entre las luces y zarzas.
Gracias por estar y ser mi verbo *to be*.

Flores que Son y Están

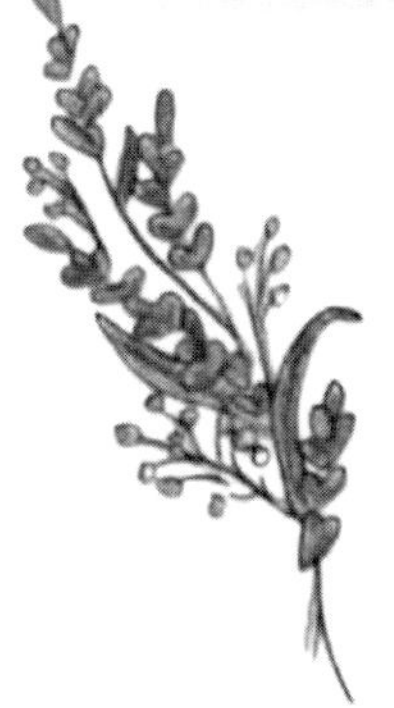

LAVANDA: serenidad, entrega y amor que sana. Representa el cuidado sin condiciones.
"ESTOY AQUÍ, NO PARA POSEER, PARA ACOMPAÑAR"

MIMOSA: símbolo de la amistad tierna, la empatía y el cuidado silencioso.
"GRACIAS POR EXISTIR CERCA, SIN ESTAR ENCIMA"

EDELWEISS: crece en lugares difíciles; simboliza la lealtad y la protección mútua.
"TE ELIJO INCLUSO EN LA ALTURA O EL FRÍO"

MADRESELVA: representa los vínculos afectivos que perduran más allá del tiempo, incluso sin lazos de sangre.
"NOS UNE ALGO QUE NO SE VE PERO PERMANECE"

EPÍLOGO Y CANCIONES

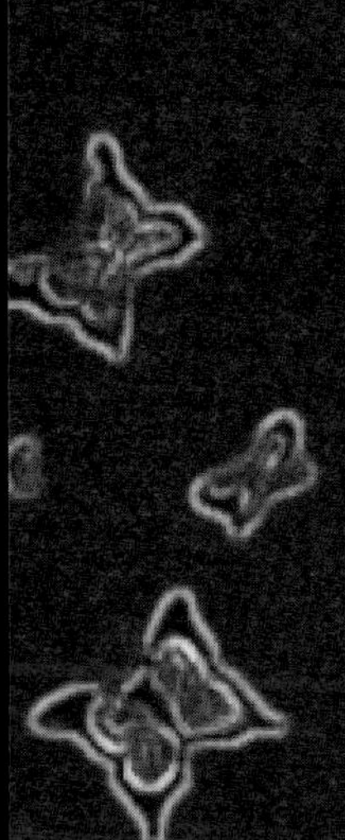

Canciones y despedida a Peter Pan

Ella

Cuando no sepas qué hacer con ella
recuerda lo que le decías
que te volvía loco:
tu cielo, tu hobby, tu guía.
Que te mataba poco a poco,
que de ella dependías,
que no era una cualquiera,
todo eso lo sentías.

Si cuando anochezca y despiertes
ves los años pesar,
y ella no está a tu lado
para verte progresar.
Recuerda que fue tuya,
la única que fue especial
y que no desapareció nunca,
ni borrándola de galería.

Si cuando la recuerdes
entre insomnio y luz del día,
te queda algo de valor
por luchar por tu pequeña obsesión.
Ella estuvo esperando en la esquina,
si te arriesgas como siempre hacías.

Puede que siga ahí,
que no sea tarde todavía.

Mientras te sumerjas en la duda
y no te decidas,
puede que ella se vaya y rehaga su vida.
Que quede en tu lista de fantasías,
que no se cumpla, como temías.
Por eso, antes de todo eso,
empieza a tomar las medidas.

ESTRIBILLO (x2)

Cuando no sepas qué hacer con ella,
y sientas que es imposible
y que te viene cuesta arriba,
entonces quédate con ella
que te daba alas,
con las que surcar el tiempo
con las que volar las horas.

Quédate con ella.
Porque era muchas cosas
y por más que busques
no habrá parecidas,
no habrá tan preciosas.

[...]

Casi algo

Que sí, que no
Que sí que no.
No me hables de amor.
Que no lo sé, que ya veré.
Pero mejor quédate.

Que no te cambio nunca,
que tú lo sabes todo,
que solo tú me irritas,
solo contigo soy yo.

Como si fueras de toa la vida,
pero no te confundas.
No puedo estar con nadie,
prefiero estar solo,
que nadie me sacie.

No te cierro la puerta,
la tienes siempre abierta.
Has pasado mi cubierta
y llenas mi corazón.

Pero no te confundas,
es lo que aparenta.
Yo busco el amor
en noches de pasión
en días de atracción.

Que sí que no,
que sí que no. (x6)

No me hables de amor
que no lo sé, que ya veré,
pero mejore quédate.

¿Por qué te quejas si te avisé?
Que no puedo estar pa ti,
que solo puedo pensar en mí.

Mira lo que hago,
no lo que digo.
No soy tu enamorado,
quedamos en amigos.
Pero duerme conmigo,
pero acércate más.

Tú me gustas, tú me das paz.
Eso es demasiado.
Mejor hazte patrás.
Palante patrás
(palante patrás)

Que sí que no,
que sí que no. (x6)
No me hagas sentir,

ni pensar ni sufrir,
que quiero a alguien como tú
pero esto no es pa mí.
Si te vas a confundir
no tienes derecho
podemos hablar
pero si hablamos, te echo.

Me iré cuando quiera,
no lo puedes impedir
no te echaré de menos,
o tal vez sí.

Pero qué más da,
tu sufrirás
y a mí me da igual.

No te confundas,
yo te avisé
y aunque me arrepienta
no volveré.

Que sí que no.
Que no que no.
No me hables de amor,
que no lo sé, que ya veré,
pero mejor vete.

Darlingxxx

ESTRIBILLO
Prometiste un para siempre
mucho tiempo aquí presente
te llamé incongruente
y ya ves que estás ausente.

Con 6 horas y un café
camino con prisas
como si nada pasara
lágrimas tapadas
escuchando la lista
que ni siquiera es tuya
Y no sé dame una pista,
de cómo así llegué a la Luna.

Tú que marchaste sin previo aviso
tú que fuiste amor y vicio.
Sigo aquí flotando
en el planeta que inventamos.

Lo mantengo bonito,
por si vuelves en un guiño.

Que no quiero girasoles
solo tus complicaciones.
Quiero ser tu Harley Quinn,

no quiero a nadie más de King.
Quiero ser tu única opción
tu primera elección
tu mejor conversación
la que baile en tu salón.

Tu especial, tu adecuada
que no busques a otra dama.
Quiero ser tu prioridad,
cubrir tu necesidad.
Quiero que te quieras como eres,
como sientes,
que veas que no hay nada malo
en ser diferente.

Que entiendas que ser hombre
es lo que te ha tocado
para que pueda ser la mujer
que se quede a tu lado.
Que si está oscuro
y las sombras te acechan
seré la luz que prenda
la verdad y un futuro.

Uno como en Disney
que no deje cicatrices
donde los malos se hunden
y los buenos son felices.

ESTRIBILLO

Lloveré y nevaré
porque no puedo tocar tu alma

y no quiero ser una carga
mientras tu corazón sanas
Oraré por ti, cada noche en mi cama
esperando que algún día
entiendas qué es la vida.

Y si no llego a ser tu Reina
al menos me quedaré cerca.
Un apoyo al que admiras,
aunque sea una amiga.
Seré todo eso,
que todo el mundo merece.

Lo seré para ti,
porque si no mi cuerpo muere.

Mientras me sea posible
seré fuerte, inmarcesible
para sujetarte, cuando empujen malas aves.

Y si hubiera otra vida,
correré a buscarte
antes de que sea tarde
y de que agranden tu herida.
Te protegeré de todo
y me quedaré contigo
serás mi mayor tesoro,
siempre feliz conmigo.

Darling te lo juro,
de mi vida formas parte,
tú que me enamoraste
incluso antes del saludo.

ESTRIBILLO

Pero a pesar de todo eso,
de mi corazón no ileso
De ser solo conocidos,
sin nombre ni apellidos
de la distancia y de tu historia,
de tu vida de noria
que baja más que sube
y contra el suelo te sacude.
De tu trato de mierda
cuando fui tu mejor Reina
aun así mi vida sigue
y será más que increíble.
Pero si llamas a mi puerta,
ya lo sabes, está abierta.

Puedes contar conmigo,
de lunes a domingo.
Nunca fue un secreto,
lo repito y lo confieso.

[...]

Luz

Quiero contarte
que hoy veo un poco más de luz.
Quiero decirte
que el cielo vuelve a ser azul.

Quiero que sepas
que ya no dueles tanto.
Que te des cuenta
de cuánto estoy brillando.

ESTRIBILLO

**Si hay ángeles en las nubes
y soy uno de ellos,
si siento que todos suben,
si ya no siento que muero.**

**Todo lo que di y todo lo que he sido,
es gracias a que fui y todavía sigo.
Todo lo que empieza
siempre deja huella,
todo lo que queda
se llueve y se suelta.**

Conozco más estrellas
de esas que ríen tanto
porque crecieron a oscuras
y así es que están más alto.

No era borrar,
no era aferrarse en olvidar,
era seguir transformando
todo lo que me has enseñado.

ESTRIBILLO

Y si preguntan si quiero volver,
diré que no, aunque me rompa a la mitad.
Diré que estoy bien conmigo,
que este es mi nuevo hogar.

**Todo lo que di y todo lo que he sido,
es gracias a que fui y todavía sigo.
Todo lo que acaba
siempre abre una puerta.
Todo lo que llegue
merecerá la pena.**

Despedida a Wendy

A la que voló a Nunca Jamás, venció piratas y regresó de una pieza.
A la que se responsabilizó del mundo, de las normas y de los demás.
A la que ocultó sus deseos, sus sentimientos y su opinión haciendo
ver que todo iba bien.

A la que contó a los niños perdidos historias intensas que tocaban
temas profundos.
A la que profundizó en ansiedad, depresión, TEPT, TLP, narcisismo,
tipos de apego, heridas de
infancia, autoimagen, autoestima, abuso y manipulación emocional.
A esa Wendy que no dejó de evolucionar cuando se expresó y se
permitió escuchar:

Puedes cometer errores. Puedes fallar. No eres perfecta y eso a
alguien le gustará.
Ya hay gente a la que le ha gustado, ¿recuerdas?
Gente muy especial.
Tienes opiniones y tienes agallas, más allá de tus cimientos y más
allá de lo correcto.
Eres mucho más que eso y está genial si lo sigues pudiendo
equilibrar.

Puedes conectar, sabes amar y estás aprendiendo a aceptar
y a no tragar sin más.
No necesitas probar tu valor. Aunque estés aterrada, peleas.
Eso es lo que ven los demás. Y créeme que lo que ven, les enseña,
porque... además,
¿cuántas veces te lo han dicho ya?

Cada vez que lo necesites frena, abrázate y vuelve a caminar.

Hoy tu corazón y tu mente están unidos y todo, absolutamente todo
ha merecido la pena.

Sé que llevas tiempo persiguiendo una realidad positiva,
una que te has estado repitiendo cada día en tu subconsciente para
seguir adelante.

Y aunque no sabes cuándo llegarás a la cima,
te prometo que vas a llegar,
porque elegiste ese difícil y esos sacrificios.
Y porque sabes que, aunque a la corta la gente que toma el camino
fácil y se rinde parece salir
ganando, a la larga...
vas a agradecer haber tomado cada uno de los pasos con los que
conseguiste salir de la guerra
en la que todavía muchos permanecen.

Esta canción es para ti, todos los días de tu vida,
aunque no sea tuya.

The Climb – Miley Cyrus

Casi puedo verlo
ese sueño que estoy soñando,
pero hay una voz dentro de mi cabeza diciendo:
"Jamás lo alcanzarás".

Cada paso que estoy dando,
cada movimiento que hago,
se siente perdido, sin dirección
mi fe es sacudida.

Pero yo...
yo tengo que seguir intentándolo.
Tengo que mantener mi cabeza en alto

ESTRIBILLO

Siempre va a haber otra montaña.
Siempre voy a querer hacer que se mueva.
Siempre va a haber una batalla cuesta arriba.
A veces voy a tener que perder.
No se trata de lo rápido que llegue allí.
No se trata de lo que esté esperando del otro lado.
Es la subida.

Las luchas que estoy enfrentando,
las oportunidades que estoy tomando.
Puede que a veces me derriben, pero
no, no estoy rompiéndome.

Puede que no lo sepa,
pero **estos son los momentos que...**
voy a recordar más, sí.
Solo tengo que seguir.

Y yo... Yo tengo que ser fuerte.
Solo sigue empujando, porque...

ESTRIBILLO (x2)

Sigue moviéndote, sigue subiendo.
Mantén la fe.
Todo se trata, todo se trata de la subida.
Mantén la fe, mantén tu fe.

*Te quiero, te admiro y te respeto
por ser un ejemplo de lo que vale la pena.*

A ti que me has leído:

Te aseguro que, si sigues sembrando,
aunque te tiemblen las piernas
habrá fruto que recoger.
Te prometo que sí que puedes salir adelante
y cambiar todos esos pensamientos que te frenan,
porque todos nacemos con esa magia dentro.
Y te garantizo que un día, cuando mires atrás,
agradecerás haber seguido y no haberte rendido.

Así que permíteme la osadía
de proponerte un nuevo capítulo en tu vida,
porque la pregunta no es "¿puedo?"
La pregunta es:
"¿Cuándo empiezo?"

Si sientes que algo de todo esto ha resonado contigo,
siéntete libre de contármelo.
No estás sol@.
loquenotesupecontar@gmail.com